W0336713

Esaias Baitel

PURIM

Esaias Baitel

P U R I M

Das jüdische Fest der Freude bei den Chassidim in Jerusalem

Mit dem „Buch Esther“
und einem Essay von Bernard Cohen

Mit 55 Abbildungen in duotone

Verlag Christian Brandstätter · Wien – München

Die Deutsche Bibliothek - CIP-Einheitsaufnahme

Purim: das jüdische Fest der Freude bei den Chassidim in Jerusalem /
Bernard Cohen/Text. Esaias Baitel/Fotogr. - Wien : Brandstätter, 1996
ISBN 3-85447-658-2 NE: Cohen, Bernard; Baitel, Esaias

1. Auflage

Übertragung des Essays von Bernard Cohen ins Deutsche
von Michaela Feuerstein

Das Buch Esther ist nach der Textversion des 1923 im Benjamin Harz Verlag,
Berlin – Wien, erschienenen Werks „Die Bücher der Bibel“
(Herausgegeben von F. Rahlwes, Zeichnungen von E. M. Lilien,
Übersetzung von Reuss) adaptiert wiedergegeben.

Die graphische Gestaltung des Werkes sowie der Entwurf des Schutzumschlages
stammen von Christian Brandstätter.
Das Lektorat besorgten Christina Douglas und Barbara Sternthal,
den Satz und die technische Herstellung Franz Hanns.
Gesetzt wurde aus der Walbaum, 10 auf 14 Punkt.
Die Gesamtherstellung des Werkes erfolgte beim Druckhaus Grasl, Bad Vöslau.

Copyright © 1996 by Verlag Christian Brandstätter, Wien.
Alle Rechte, auch die des auszugsweisen Abdrucks oder
der Reproduktion einer Abbildung, sind vorbehalten.
Das Werk einschließlich aller seiner Teile ist urheberrechtlich geschützt.
Jede Verwertung ist ohne Zustimmung des Verlages unzulässig.
Dies gilt insbesondere für Vervielfältigungen, Übersetzungen, Mikroverfilmungen
und die Einspeicherung und Verarbeitung in elektronischen Systemen.
ISBN 3-85447-658-2

Christian Brandstätter Verlagsgesellschaft m.b.H.
A-1080 Wien, Wickenburggasse 26
Telephon (+43-1) 408 38 14

Meinen Töchtern
Bina und Sara
gewidmet

DAS BUCH ESTHER

AHASVER VERSTÖSST WASCHTI

Es geschah zur Zeit des Ahasver, der König war von Indien bis Äthiopien über hundertsiebenundzwanzig Provinzen – zu selbiger Zeit also, gab der König Ahasver, als er den königlichen Stuhl in seiner Hauptstadt Susa einnahm, im dritten Jahre seiner Regierung ein Festmahl allen seinen Ministern und Beamten; die Heeresobersten von Persien und Medien, die Edelsten und die Statthalter der Provinzen waren vor ihm versammelt. Er zeigte ihnen den Reichtum und die Pracht seines Reiches, die Herrlichkeit und den Glanz seiner Größe, viele Tage lang, hundertundachtzig Tage. Und am Schlusse derselben gab der König der ganzen Bevölkerung der Hauptstadt Susa, groß und klein, ein Festmahl sieben Tage lang, im Hofe des Gartens beim königlichen Palaste. Weiße und purpurblaue Vorhänge von Baumwoll hingen an leinenen purpurroten Schnüren, an silbernen Ringen, an Marmorsäulen. Polster von Gold- und Silberstoff standen auf einem Mosaikboden von verschiedenfarbigem Marmor; man trank aus goldenen Bechern verschiedener Formen königlichen Wein nach Königsweise, und auf des Königs Befehl nach Lust ohne Zwang; so hatte es der König seinen Hofbeamten empfohlen. Auch die Königin Waschti gab ein Festmahl für die Frauen im Innern des Palastes des Königs Ahasver.

Am siebenten Tage, als der König vom Wein angeheitert war, befahl er dem Mehuman, Bistha, Harbona, Bigtha, Abagtha, Sethar und Charkas, den sieben Eunuchen, die in seinem Dienste waren, die Königin Waschti vor ihn zu führen, mit der Königskrone, um dem Volke und den Beamten ihre Schönheit zu zeigen; denn sie war sehr schön. Aber die Königin Waschti weigerte sich, dem Befehle zu gehorchen, den der König ihr durch die Eunuchen hatte zukommen lassen. Darüber ärgerte sich der König und sein Zorn entbrannte in ihm. Da sprach der König zu den Weisen, welche sich auf die Zeiten verstanden – denn so werden die Staatsgeschäfte behandelt mit denen, welche Gesetz- und Rechtskundige sind; die nächsten nach ihm waren Charsena, Sethar, Admatha, Tharsis, Meres, Marsena, Memuchan, die sieben persischen und medischen Fürsten, welche Zutritt zum König hatten und welche die ersten Stellen im Reiche einnahmen – : was ist nach dem Gesetze mit der Königin Waschti zu tun, dafür, daß sie dem Befehle des Königs nicht gehorcht hat, den er ihr durch die Eunuchen hat zukommen lassen? Da sprach Memuchan in Gegenwart des Königs und Fürsten: Nicht gegen den König allein hat sich die Königin Waschti verfehlt, sondern zugleich gegen alle Fürsten und Untertanen in allen Provinzen des Königs Ahasver. Denn das Verhalten der Königin wird allen Frauen kund werden, so daß sie ihre Gemahle werden mißachten lernen; denn es wird heißen: Der König Ahasver hat befohlen, die Königin Wascht ihm vorzuführen, und sie hat sich dessen geweigert. Künftig werden die Fürstinnen der Perser und Meder, welche die Geschichte erfahren werden, ebenso tun mit den Fürsten des Königs, und daraus wird Verachtung und Zank genug entstehen. Gefällt es dem Könige, so möge ein königliches Edikt ergehen und in die Zahl der Gesetze der Perser und Meder aufgenommen werden als unverbrüchlich, daß die Königin Waschti nicht mehr vor dem Könige Ahasver erscheinen dürfe, und daß der König ihre Würde auf eine andere, bessere übertrage. Und wenn das Dekret des Königs, das er ergehen läßt, in seinem ausgedehnten Reiche bekannt geworden ist, werden alle Weiber ihre Männer ehren, groß und klein. Dieser Vorschlag gefiel dem Könige und den Fürsten, und der König tat nach dem Rate Memuchans. Er sandte Briefe in alle Provinzen des Reiches, in jede nach ihrer Schriftart und an jedes Volk in seiner Sprache, daß jeder Mann Herr in seinem Hause sein solle und befehlen, was ihm passend erscheint.

ESTHER WIRD KÖNIGIN

NACHHER, als der Zorn des Königs Ahasver sich gelegt hatte, erinnerte er sich an Waschti, an das, was sie getan und was über sie beschlossen worden war. Da sagten die Leute des Königs, welche in seinem Dienste standen: Man muß für den König schöne Mädchen, Jungfrauen, suchen, und der König möge in alle Provinzen seines Reiches Beauftragte senden, welche alles, was sich an jungen Mädchen, schönen Jungfrauen, findet, sammeln und nach der Hauptstadt Susa in das Frauengemach bringen, unter die Obhut Hegais, des Eunuchen des Königs, des Hüters der Frauen, daß er die nötigen Vorbereitungen mit ihnen vornehme; und das Mädchen, das dem Könige am besten gefallen wird, soll an Waschtis Statt Königin werden. Dieser Vorschlag gefiel dem Könige, und er tat darnach.

Nun war in der Hauptstadt Susa ein jüdischer Mann namens Mordechai, Sohn Iairs, des Sohnes Simeis, des Sohnes des Kis, ein Benjaminiter, der von Jerusalem weggeführt worden war mit den anderen Deportierten, die mit dem König Jechonja von Juda weggeführt waren durch Nebukadnezar, den König von Babel. Er war der Vormund der Hadassa (der Esther), einer vater- und mutterlosen Waise, der Tochter seines Oheims. Dieses junge Mädchen war wohlgestaltet und schön von Gesicht und nach dem Tode ihrer Eltern hatte Mordechai sie als seine Tochter angenommen. Als nun der Befehl und das Edikt des Königs bekannt gemacht wurde und viele junge Mädchen in die Hauptstadt Susa gebracht und dem Hegai übergeben wurden, wurde auch Esther in den Palast gebracht und dem Hegai, dem Hüter der Frauen, übergeben. Das Mädchen gefiel ihm und gewann seine Gunst, und er beeilte sich, sie vorzubereiten und für ihren Unterhalt zu sorgen, und er gab ihr sieben Dienerinnen aus dem Hause des Königs, und wies ihr und ihren Dienerinnen die beste Wohnung im Frauengemach an. Esther aber sagte ihm nichts von ihrer Herkunft und Familie; denn Mordechai hatte ihr verboten davon zu reden. Dieser aber kam täglich in den Hof des Frauengemaches, um zu erfahren, wie es Esther gehe und was mit ihr geschehe.

Wenn nun die Reihe kam an das eine oder andere Mädchen, zum König Ahasver zu kommen, nachdem es zwölf Monate lang der Regel des Harems unterworfen gewesen war – denn so lange mußten sie sich vorbereiten, sechs Monate lang mit Myrrhenöl, sechs Monate mit wohlriechenden Salben und was sonst zur Vorbereitung gehört –, dann wurde es zum Könige geführt und durfte alles, was es wünschte, aus dem Harem in den königlichen Palast mitnehmen. Am Abend wurde es hineingeführt und am Morgen kam es in das zweite Frauengemach unter die Obhut des königlichen Eunuchen Saasgas, des Hüters der Kebsweiber. Von da an erschien keines mehr vor dem Könige, es sei denn, daß es namentlich auf des Königs Wunsch gerufen worden wäre.

Als nun Esther, die Tochter Abihails, des Oheims Mordechais, dessen Pflegetochter sie war, an die Reihe kam, zum Könige geführt zu werden, da begehrte sie nichts als was Hegai, der Eunuche des Königs, der Hüter der Frauen, selbst verordnete. Sie gefiel allen, die sie sahen. Esther wurde also zu dem König Ahasver in den königlichen Palast geführt, im zehnten Monat, dem Monat Tebeth, im siebenten Jahre seiner Regierung. Der König aber gewann Esther lieber als alle seine Weiber, und sie erhielt seine Gunst und Neigung mehr als alle die anderen Jungfrauen, so daß er die königliche Krone auf ihr Haupt setzte und sie zur Königin machte an Stelle Waschtis. Darauf gab der König ein großes Festmahl allen seinen Ministern und Beamten zu Ehren Esthers, und gab den Provinzen Steuer-Erlaß und verteilte Geschenke mit königlicher Freigebigkeit.

MORDECHAI ENTDECKT EINE VERSCHWÖRUNG

MORDECHAI verweilte am Hofe des Königs. Esther aber sagte nichts von ihrer Familie und Herkunft, wie Mordechai es ihr empfohlen hatte, und sie handelte in allen Stücken nach seiner Weisung, wie zur Zeit als sie seine Pflegetochter gewesen war. Um diese Zeit, während Mordechai am Hofe des Königs verweilte, geschah es, daß zwei Eunuchen des Königs, aus der Zahl der Türhüter, Bigthan und Theres, im Zorne den Anschlag machten, Hand an den König zu legen. Mordechai erhielt davon Kunde und ließ es die Königin Esther wissen. Esther aber teilte es dem Könige mit im Namen Mordechais. Die Sache wurde untersucht und richtig befunden; die beiden wurden gehängt und die Geschichte in das Buch der Reichs-Annalen eingetragen in Gegenwart des Königs.

DER ERLASS DES KÖNIGS, ALLE JUDEN ZU TÖTEN

NACHMALS erhob der König Ahasver Haman, den Sohn Hamdathas, den Agagiter, zur höchsten Würde und wies ihm seine Stelle über alle anderen Fürsten des Hofes an. Und alle Beamten am königlichen Hofe mußten sich vor Haman verneigen und niederwerfen – denn so hatte der König befohlen –; aber Mordechai weigerte sich, dies zu tun, obgleich die Hofbedienten zu ihm sagten: Warum gehorchst du nicht dem Gebote des Königs? Und da sie dies täglich wiederholten und er nicht auf sie hörte, so sagten sie es Haman, um zu sehen, ob die Ausrede Mordechais Bestand haben würde; er hatte ihnen nämlich gesagt, daß er ein Jude sei. Als nun Haman selbst sah, daß Mordechai sich nicht verneigte und vor ihm niederwarf, da war er außer sich vor Zorn. Aber er verschmähte es, an Mordechai allein die Hand zu legen, denn man hatte ihm von seiner Herkunft gesagt; er faßte den Plan, das ganze Volk Mordechais zu vertilgen, alle Juden im ganzen Reiche des Ahasver. Im ersten Monat, dem Monat Nisan, des zwölften Jahres des Königs Ahasver, warf man das Pur, das heißt: das Los, in Gegenwart Hamans, Tag für Tag und Monat für Monat, um an einem Tage das Geschlecht Mordechais zu vertilgen, und es fiel das Los auf den zwölften, das ist der Monat Adar.

Dann sagte Haman zum König Ahasver: Es gibt ein unter den übrigen Nationen zerstreutes und abgesondertes Volk in allen Provinzen deines Reiches, dessen Gesetze ganz verschieden sind von denen andrer Völker, und da es sich den Gesetzen des Königs nicht fügt, so ziemt es sich nicht, daß der König diese Leute dulde. Gefällt es dem Könige, so werde der Befehl ausgeschrieben, sie auszurotten; ich will zehntausend Talente Silbers den Finanzbeamten auszahlen, um sie in den königlichen Schatz zu legen. Darauf nahm der König seinen Siegelring und übergab ihn Haman, dem Sohne Hamdathas, dem Agagiter, dem Feinde der Juden, indem er sagte: Das Geld bleibt dein eigen; mit dem Volke magst du verfahren wie's dir gefällt. Alsobald wurden die Schreiber des Königs gerufen, am 13ten Tag des ersten Monats, und es wurde geschrieben ganz nach der Vorschrift Hamans an die Satrapen des Königs und an die Statthalter aller einzelnen Provinzen, und an die Fürsten der einzelnen Völker, an jede Provinz in ihrer Schrift und für jedes Volk in seiner Sprache. Geschrieben wurde im Namen des Königs Ahasver und gesiegelt mit dem Königlichen Insiegel. Sodann wurden die Briefe zu Händen der Läufer in alle Provinzen des Reiches gesandt, daß alle Juden, jung und alt, Kinder und Weiber, sollten vertilgt, ermordet und umgebracht werden an einem und demselben Tage, nämlich am dreizehnten des zwölften Monats, des Monats Adar, und daß ihre Habe sollte geplündert werden.

Eine Abschrift dieses Schreibens sollte in jeder Provinz übergeben werden, um Gesetzeskraft zu haben, damit allen Völkern bekannt würde, daß sie bereit sein sollten auf den besagten Tag. Die Läufer machten sich eilig auf den Weg auf den Befehl des Königs; das Edikt wurde in der Hauptstadt Susa erlassen, und während der König und Haman zechten, war die ganze Stadt in Verwirrung.

MORDECHAI RUFT ESTHERS HILFE AN

ALS Mordechai erfuhr, was alles vorging, zerriß er seine Kleider, legte Trauergewand an, streute Asche auf sein Haupt und durchzog die Stadt mit großem und kläglichem Geschrei. So kam er bis an das Tor des Palastes; denn niemand durfte im Trauergewand durch dieses Tor gehen. Und in allen Provinzen, überall wo das Edikt des Königs bekannt gemacht wurde, war großes Wehklagen bei den Juden; man fastete, weinte und trauerte, und viele legten Trauerkleider an und bestreuten sich mit Asche.

Als die Dienerinnen der Esther und ihre Eunuchen ihr dies meldeten, erschrak sie sehr und schickte Mordechai Kleider, damit er sein Trauergewand ablege, aber er nahm sie nicht an. Da rief Esther den Hatha, einen königlichen Eunuchen, der in ihren Diensten stand, und schickte ihn zu Mordechai, um zu erfahren, was das bedeute und warum er so tat. Als Hatha zu Mordechai kam, auf den Platz der Stadt vor dem Tore des Palastes, teilte ihm dieser alles mit, was ihm zugekommen war, und auch die Angabe der Summe, welche Haman versprochen hatte, in den königlichen Schatz zu zahlen, für die Juden, um sie zu vertilgen. Auch übergab er ihm eine Abschrift des Edikts, das zu Susa veröffentlicht war, damit er es Esther zeigte und sie in Kenntnis setzte, und ihr empföhle, sich zum König zu begeben, um seine Gnade zu erflehen und für ihr Volk zu bitten. Hatha ging und berichtete Esther, was Mordechai gesagt hatte; Esther aber trug ihm auf, Mordechai zu sagen: Alle Diener des Königs und alle seine Untertanen wissen, daß, wenn irgendwer, Mann oder Weib, in den inneren Hof des Palastes eintritt, ohne gerufen zu sein, so ist es ein allgemeines Gesetz, daß er sterben muß, es sei denn, daß der König sein Zepter gegen ihn ausstreckt, um ihm das Leben zu schenken. Nun bin ich seit dreißig Tagen nicht mehr zum König gerufen worden. Als man Mordechai die Worte Esthers hinterbrachte, ließ er ihr folgende Antwort zukommen: Bilde dir nicht ein, daß du alleine von allen Juden gerettet werden wirst, weil du im Hause des Königs bist. Schweigst du heute, so können die Juden Hilfe und Rettung anderswoher erhalten, du aber und deine Familie, ihr würdet umkommen. Und wer weiß, ob du nicht gerade um dieser Gelegenheit willen zur königlichen Würde gelangt bist? Da ließ Esther dem Mordechai antworten: Geh, versammle alle Juden, die zu Susa sind; fastet um meinetwillen drei Tage lang, Tag und Nacht, ohne zu essen und zu trinken, auch ich will fasten mit meinen Dienerinnen; dann will ich trotz dem Gesetze zum Könige gehen, und muß ich sterben, so sterbe ich! Daraufhin ging Mordechai von dannen und tat wie Esther ihm empfohlen hatte.

ESTHER BEGIBT SICH ZUM KÖNIGE

AM dritten Tage legte Esther das königliche Gewand an und trat in den inneren Hof des Palastes, gegenüber dem Saale des Königs. Dieser saß auf dem Thron im königlichen Saale der Türe gegenüber. Und als der König die Königin Esther im Hofe stehen sah, da gefiel sie ihm sehr. Und er neigte das goldene Zepter, das er in der Hand hielt, gegen sie und Esther nahte und berührte die Spitze des Zepters.

Der König sprach: Was ist dir, Königin Esther? Was wünschest du? Wäre es die Hälfte meines Reiches, sie würde dir gegeben. Esther antwortete: Wenn es dem Könige gefällt, so möge der König heute mit Haman zu dem Mahle kommen, das ich bereitet habe. Da sprach der König: Rufet schnell den Haman herbei, daß wir tun, wie Esther wünscht. Und so kam der König mit Haman zu dem Mahle, das Esther bereitet hatte. Und beim Trinken sprach der König zu Esther: Was ist nun dein Begehr? Es soll dir bewilligt werden. Was wünschest du? Wäre es die Hälfte meines Reiches, es soll geschehen! Esther antwortete: Mein Begehr und Wunsch ist: wenn ich in den Augen des Königs Gnade gefunden habe und es dem Könige gefällt, mein Begehren zu erfüllen und meinen Wunsch zu gewähren, sö möge der König mit Haman zu dem Mahle kommen, das ich bereiten will; morgen will ich tun, was der König verlangt.

HAMAN WILL MORDECHAI HÄNGEN LASSEN

AN diesem Tage ging Haman froh und zufrieden heim; als er aber den Mordechai an der Pforte sah, der nicht aufstand und sich vor ihm nicht rührte, da wurde er voll Zorns gegen ihn. Aber er hielt an sich, und als er nach Hause gekommen war, sandte er nach seinen Freunden und ließ sie kommen, und auch sein Weib Seres, und unterhielt sie von der Herrlichkeit seiner Reichtümer und der Zahl seiner Söhne, und wie der König ihn groß gemacht und über alle Fürsten und Beamten gesetzt habe. Dann setzte er hinzu: Die Königin Esther hat zu dem Festmahl, das sie gegeben, außer dem Könige niemand geladen als mich, und auch für morgen bin ich mit dem König eingeladen. Aber dies alles genügt mir nicht, solange ich diesen Juden Mordechai sehen muß, wie er an der Pforte sitzt. Da sprachen seine Freunde und sein Weib Seres zu ihm: Nun, laß einen Galgen aufrichten, fünfzig Ellen hoch, und morgen sage zum Könige, daß man Mordechai daran aufhänge; so kannst du frohen Mutes mit dem Könige zum Mahle gehen. Dieser Rat gefiel Haman, und er ließ den Galgen aufrichten.

MORDECHAI KOMMT ZU HOHEN EHREN

In selbiger Nacht, da der Schlaf den König floh, ließ dieser sich das Buch der Reichs-Annalen bringen und daraus vorlesen. Nun fand sich darin geschrieben, daß Mordechai den Bigthana und Theres, die beiden Eunuchen des Königs, die das Vorzimmer bewachten und Hand an den König Ahasver hatten legen wollen, angezeigt hatte. Da fragte der König: Was ist dem Mordechai dafür an Lohn und Ehre erteilt worden? Die anwesenden Diener antworteten: Es ist ihm nichts dafür geworden. Da sprach der König: Wer ist im Hofe? Nun war gerade Haman in den äußeren Hof des Palastes gekommen, um dem König zu sagen, er solle Mordechai an den Galgen hängen lassen, den er für ihn errichtet hatte. Da sprachen die Diener: Haman steht im Hofe. Der König gebot: Er komme! Als Haman eingetreten war, sagte der König zu ihm: Was soll man dem Manne tun, den der König ehren will? Da dachte Haman: Wen könnte der König mehr ehren wollen als mich? und antwortete dem Könige: Dem Manne, den der König ehren will, soll man ein königliches Gewand bringen, das der König selbst getragen hat, und ein Pferd, das der König geritten hat, und welches die königliche Krone getragen hat. Und dies Gewand und Pferd soll man einem der vornehmsten Herren am Hofe übergeben, damit er den Mann, den der König ehren will, damit bekleide und ihn zu Pferde durch die Straßen der Stadt führe, indem er ausruft: So tut man dem Manne, den der König ehren will! Da sprach der König zu Haman: Eile, nimm das Gewand und das Pferd, wie du gesagt hast, und tu so mit dem Juden Mordechai, der an der Pforte des Palastes sitzt, und unterlasse nichts von dem, was du gesagt hast.

Darauf nahm Haman das Pferd und das Gewand und bekleidete damit Mordechai und führte ihn zu Pferde durch die Straßen der Stadt, indem er vor ihm ausrief: So tut man dem Manne, den der König ehren will! Nachher kehrte Mordechai an die Pforte des Palastes zurück, Haman aber eilte nach Hause, traurig und mit verhülltem Haupte, und erzählte seinem Weibe Seres und allen seinen Freunden, was ihm begegnet war. Da sprach zu ihm seine Weisen und Seres, sein Weib: Wenn dieser Mordechai, vor dem du zu fallen begonnen hast, vom Geschlechte der Juden ist, so vermagst du nichts wider ihn, sondern fällst ganz und gar vor ihm.

HAMANS STURZ UND HINRICHTUNG

Während sie noch redeten, kamen die Verschnittenen des Königs und führten Haman zu dem Mahle, das Esther bereitet hatte. Und als der König mit Haman zum Mahle der Königin Esther gekommen war, sprach der König auch am zweiten Tage, während sie Wein tranken: Was wünschst du, Königin Esther? Es soll dir gewährt werden. Was begehrst du? Wär's auch die Hälfte des Reiches, es soll geschehen!

MORDECHAI UND HAMAN

DA nahm die Königin Esther das Wort und sprach: Wenn ich Gnade gefunden habe, o König, in deinen Augen, und du wohl willst, so werde mir das Leben geschenkt, das ist mein Wunsch, und mein Volk, das ist mein Begehr! Denn wir sind verkauft, ich und mein Volk, und sollen vertilgt, erwürgt und umgebracht werden. Wären wir als Sklaven und Sklavinnen verkauft worden, so hätte ich geschwiegen; aber der Feind ist nicht imstande, den Schaden des Königs zu ersetzen. Da sprach der König Ahasver zu der Königin Esther: Wer ist der, und wo ist der, der solches im Schilde führt? Esther antwortete: Der Feind und Widersacher ist dieser böse Haman da! Da erschrak Haman vor dem König und der Königin; der König aber stand vom Mahle auf im Zorne und ging in den Garten des Palastes. Haman aber blieb zurück und bat die Königin Esther um sein Leben; denn er sah wohl ein, daß von seiten des Königs sein Unglück eine beschlossene Sache sei. Als aber der König aus dem Garten zurückkam in den Speisesaal und Haman an dem Polster liegen sah, worauf Esther saß, rief er aus: Will er gar der Königin Gewalt antun in meiner Gegenwart, in meinem Hause? Kaum war das Wort aus dem Munde des Königs gegangen, da verhüllte man schon das Gesicht Hamans. Und Harbona, einer der Verschnittenen des Königs, sprach zu diesem: Da steht ja der Galgen im Hause Hamans, den dieser für Mordechai, der zum Wohl des Königs geredet hat, hat errichten lassen, fünfzig Ellen hoch! Da sprach der König: Man hänge ihn daran! So hängte man Haman an den Galgen, den er für Mordechai hatte errichten lassen. Und der Zorn des Königs legte sich. An demselben Tage schenkte der König Ahasver der Königin Esther das Haus Hamans, des Feindes der Juden, und Mordechai wurde vom Könige empfangen; denn Esther hatte diesem gesagt, in welchem Verhältnis er zu ihr stand. Und der König zog den Siegelring ab, den er Haman abgenommen, und übergab ihn Mordechai, und Esther setzte Mordechai über das Haus Hamans.

DER KÖNIGLICHE ERLASS ZUM SCHUTZE DER JUDEN

ESTHER redete wiederum mit dem Könige und warf sich ihm zu Füßen und weinte, und bat ihn flehentlich, das Unglück abzuwenden, das der Agagiter Haman gegen die Juden ersonnen hatte. Da neigte der König das goldene Zepter gegen Esther, und diese stand auf und stellte sich vor den König und sprach: Wenn der König wohl will, und ich Gnade bei ihm gefunden habe, und die Sache ihn recht dünkt, und er mir geneigt ist, so möge geschrieben werden, um das Schreiben zu widerrufen, welches Haman, der Sohn Hamdathas, der Agagiter, hat ausgehen lassen, um die Juden in allen Provinzen des Königs zu vertilgen. Denn wie könnte ich es ertragen, das Unglück anzusehen, welches mein Volk treffen soll, und den Untergang meines Geschlechts? Da sprach der König Ahasver zu der Königin Esther und zu dem Juden

Mordechai: Seht, ich habe Esther das Haus Hamans gegeben und ihn selbst an den Galgen gehängt, dafür, daß er Hand an die Juden hat legen wollen. Aber schreibt ihr selbst wegen der Juden, wie es euch gut dünkt, im Namen des Königs, und siegelt es mit dem königlichen Siegel; denn ein Schreiben, das im Namen des Königs ausgegangen und mit dem königlichen Siegel versehen ist, kann nicht widerrufen werden. Sofort wurden die Schreiber des Königs gerufen, und am dreiundzwanzigsten Tage des dritten Monats, des Siwan, wurde geschrieben, was Mordechai befahl, an die Juden, und an die Satrapen, Statthalter und Präfekten der hundertsiebenundzwanzig Provinzen von Indien bis Äthiopien, für jede Provinz in ihrer eigenen Schrift, und für jedes Volk in seiner eigenen Sprache, und auch an die Juden in ihrer Schrift und Sprache. Er schrieb im Namen des Königs Ahasver und siegelte mit dem königlichen Siegel, und schickte die Schreiben durch berittene Boten auf herrschaftlichen Pferden, nämlich daß den Juden vom König erlaubt sei, sich zusammenzutun und ihr Leben zu verteidigen, zu vertilgen, erwürgen und umzubringen, wer immer sie angreifen würde, in welchem Volk oder welcher Provinz es wäre, mit Weib und Kind, und ihre Habe zu rauben, und zwar an einem und demselben Tage in allen Provinzen des Königs Ahasver, nämlich am dreizehnten des zwölften Monats Adar.

Eine Abschrift dieses Schreibens sollte in jede Provinz geschickt werden, um gesetzliche Kraft zu erhalten, damit jedermann davon Kenntnis bekäme und die Juden an selbigem Tage bereit wären, sich an ihren Feinden zu rächen. Die berittenen Boten, auf herrschaftlichen Pferden, machten sich eilig auf den Weg, auf Befehl des Königs, sobald das Edikt in der Hauptstadt Susa erlassen war.

Mordechai trat aus dem Palaste, bekleidet mit einem königlichen Gewande, purpurviolett und weiß, mit einer großen goldnen Krone und einem Mantel von Byssus und rotem Purpur, und die Stadt Susa war voll Jubel und Freude. Die Juden waren in heller Lust fröhlich und geschmeichelt. Und in allen Provinzen und Städten, überall wo der Befehl des Königs und sein Edikt bekannt wurden, war Freude und Jubel unter den Juden, und es gab Festmahle und Feiertage. Und viele unter den Eingeborenen ließen sich zu Juden machen, aus Furcht vor diesen.

DAS BLUTBAD UNTER DEN FEINDEN DER JUDEN

UND am dreizehnten Tage des zwölften Monats, des Adar, an dem Tage, da der Befehl des Königs und sein Edikt vollzogen werden sollten, und wo die Feinde der Juden gehofft hatten, Meister über diese zu werden, da geschah das Gegenteil, und die Juden wurden Meister über die, welche sie haßten. Sie versammelten sich in ihren Städten in allen Provinzen des Königs Ahasver, um Hand zu legen an die, welche ihnen Übles tun wollten, und niemand konnte ihnen widerstehen; denn das Volk war in Furcht vor ihnen. Und alle Statthalter der Provinzen, Satrapen, Präfekten und wer sonst im Dienste des Königs war, unterstützten die Juden aus Furcht vor Mordechai. Denn dieser galt viel im Hause des Königs, und sein Ruf drang in alle Provinzen, und er wurde immer mächtiger.

Die Juden aber erschlugen alle ihre Feinde mit dem Schwerte, erwürgten und töteten alle, die sie haßten, nach Herzenslust. In der Hauptstadt Susa mordeten und töteten die Juden fünfhundert Mann und die zehn Söhne Hamans, des Sohnes Hamdathas, ihres Feindes, nämlich Parsandatha, und Dalphon, und Aspatha, und Poratha, und Adalja, und Aridatha, und Parmastha, und Arisai, und Aridai, und Vajesatha, aber sie legten die Hand nicht an fremdes Gut.

DAS BLUTBAD WIRD FORTGESETZT

An demselben Tage wurde dem König die Zahl der in der Hauptstadt Susa Erschlagenen hinterbracht. Da sprach der König zu Esther, der Königin: In der Hauptstadt Susa haben die Juden fünfhundert Mann ermordet und die zehn Söhne Hamans; was werden sie in den übrigen Provinzen getan haben? Was wünschest du noch? Es soll dir gewährt werden! Was ist dein Begehr? Es soll geschehen. Esther antwortete: Wenn es dem Könige gefällt, so möge es den Juden erlaubt sein, auch morgen noch zu Susa zu tun, wie es für heute verordnet war, und die zehn Söhne Hamans soll man an den Galgen hängen. Der König willigte ein, und es wurde demgemäß in Susa ein Befehl erlassen, und man hängte die zehn Söhne Hamans. Und die Juden zu Susa rotteten sich auch am vierzehnten Tage des Adar zusammen und ermordeten zu Susa dreihundert Mann, aber an fremdes Gut legten sie die Hand nicht.

Auch die übrigen Juden in den Provinzen des Reiches hatten sich zusammengerottet, um für ihr Leben einzustehen und Ruhe zu haben vor ihren Feinden, und hatten ihrer fünfundsiebenzigtausend ermordet, aber an fremdes Gut die Hand nicht gelegt. Es geschah dies am dreizehnten Adar, am vierzehnten ruhten sie und machten ihn zu einem Tage der Freude und der Festgelage. Die Juden zu Susa aber, welche sich am dreizehnten und vierzehnten zusammengerottet hatten, ruhten am fünfzehnten und machten diesen zu einem Tage der Freude und der Festgelage. Darum ist es Sitte, daß die Juden auf dem Lande, welche in Dörfern wohnen, am vierzehnten Adar Freudenfeste und Gelage halten und sich einander Geschenke schicken.

DAS PURIMFEST ALS GEDÄCHTNISFEIER DER RACHE

Mordechai aber setzte diese Geschichte schriftlich auf und schrieb an alle Juden in allen Provinzen des Reiches des Königs Ahasver, nah und fern, um festzusetzen, daß alljährlich der vierzehnte und fünfzehnte Adar gefeiert werden sollten als die Tage, an denen die Juden Ruhe bekommen hatten vor ihren Feinden, und der Monat, in dem sich ihr Kummer in Freude und ihr Leid in Glück verwandelt hatte; und daß sie diese feiern sollten durch Gastmähler und Festjubel, und sich Geschenke schicken und den Armen Almosen geben. Und so wurde bei den Juden das, was sie da begonnen hatten, eine herkömmliche Sitte, wie Mordechai es vorgeschrieben, weil Haman, der Sohn Hamdathas, der Agagiter, der Feind aller Juden, den Plan gefaßt hatte, sie zu vertilgen, und das Pur, das ist das Los, geworfen hatte, um sie aufzureiben und umzubringen; und weil dies dem Könige kund wurde und dieser den schriftlichen Befehl gab, daß der böse Anschlag gegen die Juden auf dessen eignes Haupt zurückfallen sollte, und so Haman und seine Söhne an den Galgen kamen. Darum nannte man diese Tage Purim, nach dem Wort Pur.

Aus diesen Gründen und nach den Worten des besagten Schreibens, und gemäß dem, was sie selbst gesehen und was ihnen begegnet war, beschlossen die Juden und nahmen als Regel an für alle Zeiten, für sich und ihre Nachkommen und für die, welche sich zu ihnen halten würden, jährlich diese zwei Tage zu feiern zur bestimmten Zeit und in der vorgeschriebenen Weise. Und dieser Tage sollte gedacht werden, und sie sollten gefeiert werden von Geschlecht zu Geschlecht, in jeder Familie, in jedem Lande, in jeder Stadt. Diese Purim-Tage sollten nie abgeschafft werden unter den Juden, und ihr Andenken nie aufhören unter ihren Nachkommen.

Die Königin Esther, die Tochter Abihails, und der Jude Mordechai schrieben mit Nachdruck, um diesen zweiten Brief in betreff des Purim zu bestätigen. Und er sandte Briefe an alle Juden in den hundertsiebenundzwanzig Provinzen des Reiches des Ahasver, mit Grüßen und Versicherungen, um die Purimtage festzusetzen in betreff ihrer Zeit, wie der Jude Mordechai und die Königin Esther es angeordnet hatten, und zwar für sich und ihre Nachkommen, in betreff der Fasten und Klagen. Der Befehl Esthers setzte alles in betreff des Purim fest und ist in einem Buche aufgeschrieben.

Der König Ahasver legte eine Steuer auf das Land und die Inseln. Und was seine Macht und seine Taten betrifft und die Erzählung von der Größe Mordechais, zu der ihn der König erhob, das ist geschrieben in dem Buch der Chronik der Könige von Medien und Persien. Denn der Jude Mordechai war der Zweite nach dem König Ahasver und groß unter den Juden, und in großer Gunst bei seinen Brüdern allen; er suchte das Beste seines Volkes und redete für das Wohlsein der Seinigen.

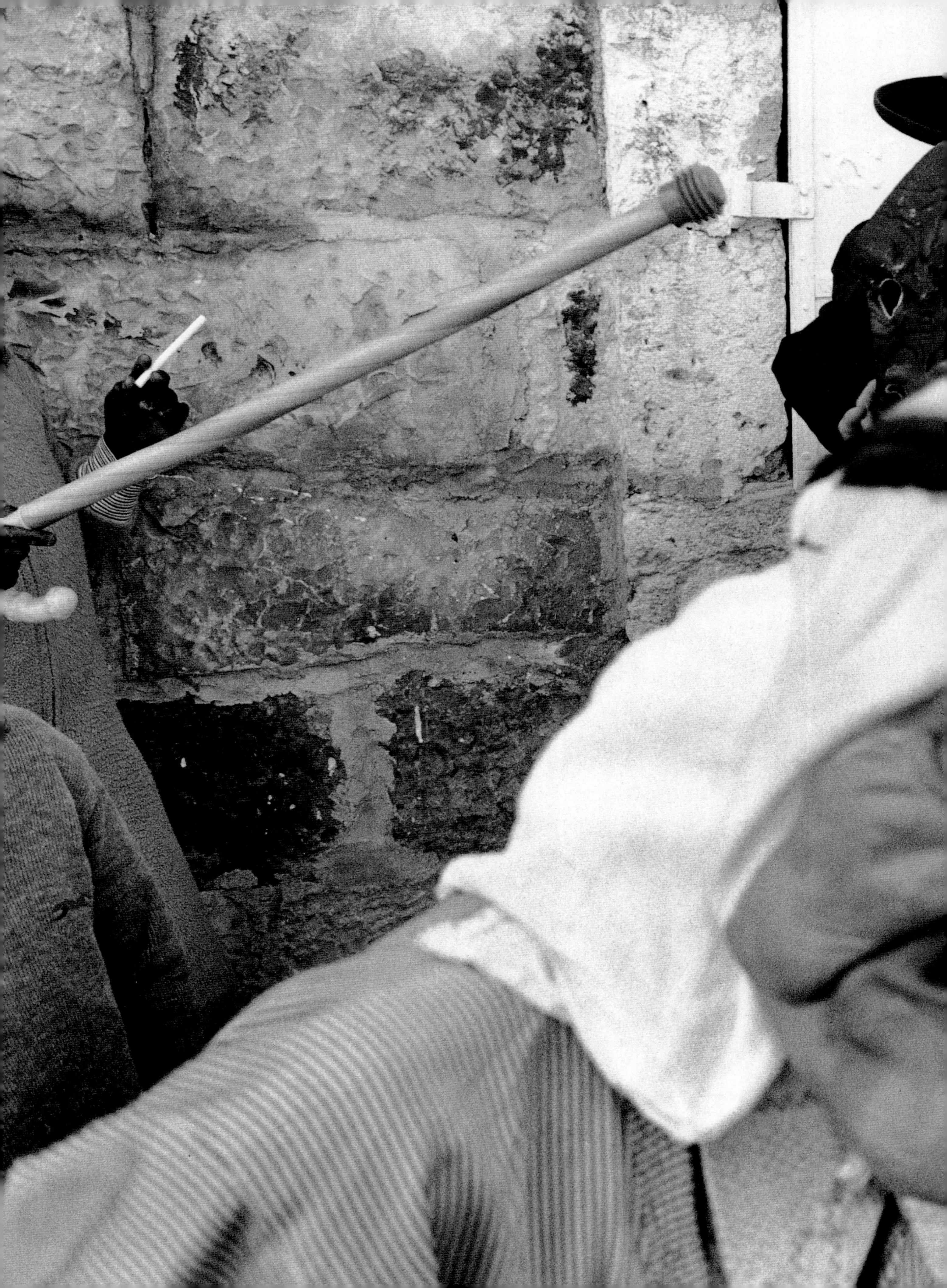

השכרה
התקשר
370167

בנאות ערד
מחירים עממיים
אמור למפרסם מצאתי אותך ב"תמסורת"
זהב בירושלים
שמחה כהלכה
ההרשמה בעיצומה
להצלחת המיפקד
לנצחון יהדות התורה

י הצדיקים
אדר
היר
נים משוכנים
ת ככר השבת
נעלי גל
ם על הקטנים וכו
בשטח הנ"ל לחזות
ואב"ד פעיה"ק ת"ו
6.15

מתנות לאביוני
לתלמיד חכם בעצי
בצער כבד
מתנות לאביונים

כ"ק אדמו"ר מלעלוב - ירושלים שליט"א
חיים פנחס שרייבר
אברהם דוד הרוביץ
סנדר ארלנגר
יצחק לייבוש הלפרין
אביה ועוד רבבים
המשפחה
ההנהלה

המבחר
הגדול ביותר
לכסאות איכותיים
ישמח לב מבקשי ה'
אנו מבשרים לאחינו בני ישראל
הומאופתיה וצמחי מרפא
בית מרקחת "הפסגה"
הם אמרו לא!
אמרו ופסקו לדורות!
לא לרבנות לאומית מטעם
לא למועצה דתית ציונית
ואתה תכשירם?
לא תסורו!!!

לעקרת בית!
הגיע שוב!
משחת
איזי-
אוף..
הורים יקרים
תתנו להם להסתובב
הכל במרכז הצעצועים
חבקוק

אנכי
זכור את
כבד את
לא תרצח
לא תנאף
לא תגנב
לא תענה
לא תחמד

לקח טוב נתתי לכם

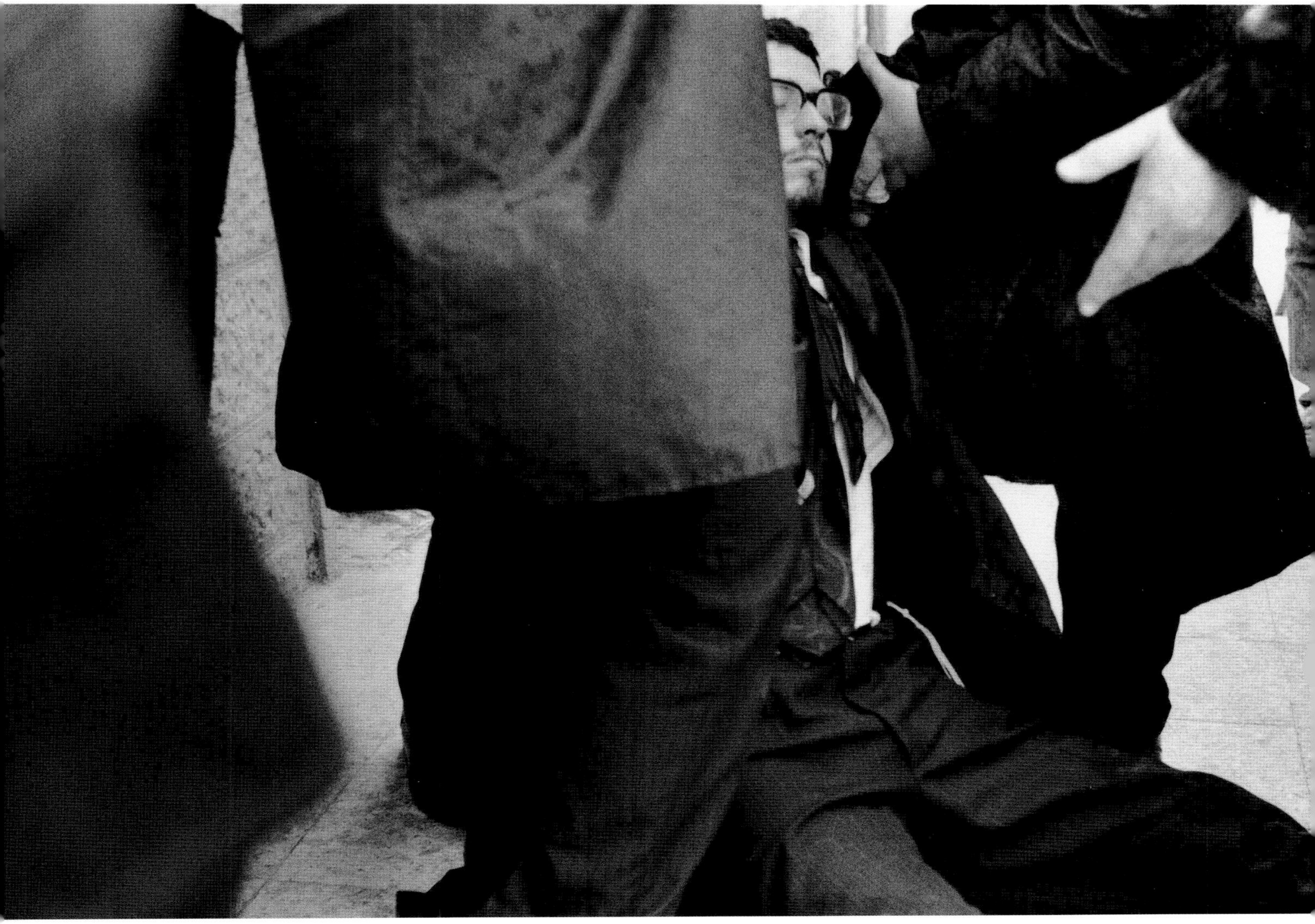

EIN WÜRFELWURF WIRD NIEMALS DEN ZUFALL AUSLÖSCHEN
Das Purim-Fest bei den Chassidim in Jerusalem

„... der Monat, in dem sich ihr Kummer in Freude
und ihr Leid in Glück verwandelt hatte."
Buch Esther, 9, 22

DAS jüdische Purimfest – und die „Estherrolle" (hebräisch: Megillat Esther), die bei dieser Gelegenheit gelesen wird „wie ein Brief", von einem anderen Ort, aus einer anderen Zeit gesendet – macht mannigfaltige Widersprüche in einer Liturgie und Kultur deutlich, die sonst strikten Zusammenhängen folgt. Zu diesem Anlaß, und nur zu diesem, übt die jüdische Tradition bemerkenswerte Nachsicht: sie gestattet den Gläubigen, regt sie sogar dazu an, sich zu berauschen. Männer dürfen sich als Frauen und Frauen als Männer verkleiden, und die Autorität der Weisen wird offen untergraben, indem die rabbinischen Texte parodiert werden und ein „Purimrabbiner" als Stimmungsmacher für das Fest gewählt wird.
Die Estherrolle hat deshalb oft die heftigsten Einsprüche strenger Rabbiner hervorgerufen, die besonders dadurch irritiert waren, daß der Text, der die Purimgeschichte erzählt, trotz seiner direkten Zugehörigkeit zu den fünf Schriftrollen der Bibel, nie göttlichen Einfluß erwähnt und kein Gebet enthält, das sich direkt an den einzigen Gott wendet. Im Gegensatz dazu war für Maimonides die Estherrolle die einzige der fünf Rollen, die zu einem Zeitpunkt, da die anderen vier bereits veraltet wären, dieselbe Bedeutung bewahren würde wie der Pentateuch.

Der Grund für die Entscheidung des Photographen Esaias Baitel, während zehn und mehr Jahren im Kreise der chassidischen Gemeinden von Bnei-Brak und Jerusalem zu arbeiten, ist nicht nur, daß der Kontrast zwischen diesem scheinbar „karnevalesken" Trubel und der traditionellen Strenge der Orthodoxen besonders augenscheinlich ist. Der Grund ist vielmehr, daß diese sowohl berauschende als auch mystische Explosion der Fröhlichkeit, die der Errettung der persischen Juden unter der Herrschaft von König Ahasver gedenken soll – Xerxes I. laut einigen Bibelforschern, Artaxerxes laut anderen; R. H. Pfeiffer schlägt sogar vor, darin eine historische Verkleidung der antijüdischen, von Antiochus Epiphanes organisierten Verfolgung zu sehen –, zu denselben Quellen des chassidischen Protests zurückführt, zu diesem „Verlangen nach Freude", die Rabbi Nachman von Brazlaw gegen eine religiöse Praxis, die sich zu sehr von den Bedürfnissen des Volkes enfernt hat, sagen ließ: „Gott ist nicht mit jenem, der traurig ist."

Mit jedem Winterausgang wiederkehrend, erinnert das Purimfest an zahlreiche Erneuerungs- und Auferstehungsriten anderer Kulturen, die den Karneval hervorgebracht haben, wie er im Westen immer noch praktiziert wird und wie ihn auch die konfessionslosen Israelis zum Zeitpunkt von Purim feiern. Ursprünglich handelte es sich vielleicht um einen Wettkampf „jener innerhalb" (die Bewohner von befestigten Städten) und „jener außerhab", der als Vorwand für Zechgelage und derbe Späße herhalten mußte. Man findet in diesen Feierlichkeiten das Thema des Identitätswechsels – Esther, aus den Reihen der schönsten Mädchen des Königreichs als Favoritin des Königs auserwählt, verheimlicht ihre Zugehörigkeit zum Volk der Juden – und das Thema der Herausforderung durch das Los. Die Estherrolle spielt auf das „Pur" an, ein assyrisches Wort, das das Losziehen bezeichnete, mit Hilfe dessen der königliche Minister Haman das Datum der mörderischen Verschwörung, die er gegen die Juden angezettelt hatte, fixierte. Haman, der ursprünglich den Galgen errichten ließ, um Mordechai, den jüdischen Würdenträger und Onkel Esthers, zu ermorden, wird letzten Endes selbst gehängt, als der König, von der bezaubernden Esther überzeugt, die Verschwörung „demaskiert". Im Gegensatz zu anderen biblischen Erzählungen, in denen der göttliche Wille explizit das Schicksal der Juden bestimmt, ist das Heil, das den Juden des Reiches von Ahasver im letzten Augenblick zuteil wird, nur einer Verkettung von günstigen Umständen und der äußersten Entschlossenheit einer Frau zu verdanken.

Die rabbinischen Kommentatoren haben für den radikalen „Humanismus" der Erzählung eine dialektische Erklärung gefunden: die Erzählung beziehe sich auf eine Epoche der Geschichte Israels, in der Gott sich nicht mehr direkt offenbaren mußte und in der er keinen Einfluß mehr auf das Schicksal seines Volkes hatte. Zweifellos erst im nachhinein geschrieben – das Datum der griechischen Übersetzung konnte mit Sicherheit für die Zeit um 78/77 v. Chr. festgelegt werden –, erweckt die Estherrolle in ihrem Verhältnis zu den historischen, mehr oder weniger ausgeschmückten Fakten in der Tat oft den Eindruck, eine „politische" oder sogar kämpferische Botschaft zu vermitteln: Sie empfiehlt den Juden, sich angesichts der Feinde zu vereinen (der Vorabend des Purimfests wird übrigens als „Tag der allgemeinen Versammlung" bezeichnet), sprich: sich zu rächen, ohne Gnade walten zu lassen. Nachdem die Juden des persischen Reichs dem Massaker entkommen waren, töteten sie ohne Mitleid ihre Feinde, und zwar samt den zehn Söhnen Hamans. Deren Namen, die alle in der Estherrolle genannt sind, müssen der Tradition nach in einem Atemzug gelesen werden, um an die brutale Plötzlichkeit der Bedrohung zu erinnern. Die erzählerische Kraft des Textes allein – dessen Fluß trotz einiger unklarer Passagen durch keine Abschweifung unterbrochen wird – kann jedoch den Respekt, mit dem die großen Gelehrten des Judentums Purim einhielten, nicht erklären. Die Kabbalisten, wie etwa der Mystiker Isaak Luria, sahen im festlichsten der jüdischen Feiertage – Jom Kippur

(Jom HaKippurim auf hebräisch), der „Tag der Versöhnung“ – Jom ke Purim, einen „Tag wie Purim“. Wie einen Tag der „Pur“, der Lose also.
Bedeutet das, daß selbst das willkürlichste Schicksal, das unerwartetste, das unerbittlichste göttlichem Willen entspricht? Vor dem Hintergrund der Überlebenden des Holocaust, die tanzen, bis sie zu Boden fallen, die trinken, bis sie nicht mehr wissen, ob sie „Verflucht sei Haman“ oder „Gelobt sei Mordechai“ rufen, wie die Tradition es will, bekommt diese Frage ein furchtbares Gewicht. Die Estherrolle befindet sich im Zentrum der Fragen über die Richtigkeit dessen, was Mircea Eliade als „astralen Fatalismus“ bezeichnet hat, und über die Rolle der Menschheit in einer apokalyptischen Erlösung. Es ist noch nicht alles ausgespielt, scheint die Estherrolle zu verkünden, oder: alles wird ununterbrochen neu ausgespielt.
Die Tatsache, daß eine Frau die Hauptrolle in der Krisenlösung spielt, macht die Botschaft für eine Gesellschaft, die kulturell von der patriarchalen Überlegenheit dominiert ist, umso überraschender. Esther, Hadassa mit jüdischem Namen, „mit einem Teint so frisch wie Myrthe“, „eine der vier schönsten Frauen der Erde“, begnügt sich nicht damit, den Feind der Juden zu verwirren, indem sie ihn dank einer subtilen List dazu verführt, sich um ihre Gnade flehend just in dem Moment auf ihr Bett zu werfen, in dem der König in die Gemächer seiner Favoritin zurückkehrt. In dieser verfänglichen Situation nimmt er an, daß Haman Esther mißbrauchen wollte. Um ihr Volk zu retten, scheut sie sich auch nicht, althergebrachte Traditionen über den Haufen zu werfen: ausgerechnet zu Beginn des Pessachfestes verordnet sie drei Tage Bußfasten. Ihrem Onkel, der gegen diese Maßnahme protestiert, entgegnet sie: „Oh Weiser! Wenn es kein Volk mehr gibt, wozu kann dann Pessach noch nützen?“ Den Gelehrten der Gemeinde, die befürchten, daß ein Freudenfest zur Erinnerung an die blutige Niederlage der Anhänger Hamans die Gefahr in sich birgt, die Nichtjuden gegen die Juden aufzubringen, antwortet sie ebenso hochmütig: „Aber mein Name steht bereits in den Chroniken von Medien und Persien!“

Esthers „Lebenswut“ bringt alles durcheinander, inklusive der Klischees der ewigen weiblichen Eifersucht: Da sie dem König ihre Angehörigkeit zu den Juden verheimlicht, suggeriert Mordechai selbst dem Souverän, ein zweites Mal die schönsten Jungfrauen des Reiches zusammenzurufen und aus ihrer Mitte eine neue Gemahlin auszusuchen, um Esther dazu zu bringen, ihr Geheimnis aufzudecken. Aber auch diese Drohung entlockt Esther ihr Geheimnis nicht. Die strengsten Rabbiner wissen nicht mehr, wo ihnen der Kopf steht: überaus heftig bricht dieser Mythos über sie herein, der die Hauptrolle einer Frau überläßt. Als der Fastentag Esthers am 13. Adar eingeführt wurde, stellen die Gelehrten fest, daß dieses Datum in einen Zeitraum fällt, in dem die Reue traditionell sogar vorgeschrieben ist; aber trotzdem soll es ein Fastentag sein, der nur der Steigerung der Freude am folgenden Tag dient. Die Lesung der Estherrolle am Purimtag wird zu einem so wichtigen Akt, daß sie sogar vor die Tora-

lesung, das Hauptgebot, gestellt wird. Die Frauen, die in der jüdischen Liturgie oft keine Rolle innehaben, werden hier zur Lesung der Estherrolle eingeladen oder können ihr in der Öffentlichkeit zuhören.
Später widmeten die Marranen Spaniens der „Reina Ester" besondere Verehrung, die, wie sie selbst auch, ihren Glauben verbergen mußte, um ihr Leben zu schützen, letzten Endes jedoch als Siegerin aus diesem Spiel hervorgegangen war. Um seine Weihe zu beschleunigen, bekundete im 17. Jahrhundert der falsche Messias Sabbatai Zewi den Wunsch, sich mit einer jungen Jüdin aus Sofia wiederzuverheiraten, die sich „wie Esther" mit muslimischen Kleidern verhüllt hatte, um ihre Zugehörigkeit zum Judentum zu verbergen.
In einer Zeit der intensiven Vermischung verschiedener Religionen aufgetaucht, ruft die Purimerzählung Erinnungen an babylonische Riten wach: Esther und Mordechai weisen auf Istar hin, die babylonische Göttin der Liebe und des Krieges, und auf Marduk, eine andere Gottheit aus Babylon.
Der Leitgedanke der Geschichte – eine ganz banale Hofintrige, in welcher der König hin- und hergerissen ist zwischen dem Einfluß seines machthungrigen Ratgebers und seiner neuen Königin, deren erotische Qualitäten sie vom Rest des Harems abheben – ist der Vorwand für eine Folge von Banketten und Festivitäten. Das erste am Beginn der Erzählung endet – nach nicht weniger als hundertachtzig Tagen ununterbrochenem Saufgelage – damit, daß Königin Waschti in Ungnade fällt. Sie hatte sich nämlich geweigert, dem Befehl Ahasvers zu entsprechen und sich vor seinen völlig betrunkenen Gästen zu entkleiden, weil sie – laut einer rabbinischen Erklärung – fürchtete, daß diese, erregt durch ihre Schönheit, den König töten könnten, um sie zu entführen. (Ein anderer, weniger schmeichelhafter Kommentar erklärt die Weigerung übrigens damit, daß ihre Kleider ihre Leprakrankheit bedeckt hätten.) Eine weiteres Bankett wurde von Esther zu Ehren Hamans – dessen dunkle Absichten sie kannte – gegeben, um sein Mißtrauen zu besänftigen. Und ein neuerliches Fest, wieder mit Ahasver und Haman, während dessen sie den kriminellen Plan des letzteren aufdeckt und seinen Untergang vorantreibt, wird am folgenden Tag gegeben. Zu guter Letzt macht sie aus dem 14. des Monats Adar „einen Tag der Freude und des Fests", dessen wichtigste kulinarische Spezialität seit damals die „Hamanohren", gebackene Krapfen, sind. Wie soll einem hier, weit entfernt von der Genügsamkeit der semitischen Nomaden, nicht das Gilgameschepos in den Sinn kommen: „Als die Götter die Menschen schufen/ Haben sie ihnen den Tod bestimmt/ Sie reservieren die Unsterblichkeit nur für sich allein!/ Du, füll Du Dir besser den Magen,/ Bleib fröhlich, Tag und Nacht;/ Betrachte zärtlich Dein Kleines/ Das Dich an der Hand hält/ Und sei das Glück Deiner Frau/ Die an Dich geschmiegt:/ Denn das ist die einzige Perspektive der Menschen!"
Deutet die Estherrolle, als einziger Text des biblischen Korpus, der keine geschriebene „Spur" Gottes trägt, seinen Tod an, der ab diesem Moment in der westlichen Philosophie verkündet wird?

Die Menschen in Schwarz, Psalmen betend, einen Kreis formend, die die Kinder lärmende Rasseln schütteln lassen, um selbst die Erwähnung des Namen Haman zu überdecken, die ihren Frauen den Kopf rasieren, während Esther sechs Monate geopfert hatte, um ihre Haut mit Myrthenöl geschmeidig zu machen, und weitere sechs Monate, um duftende Aromen und Essenzen einwirken zu lassen, wollen das Gegenteil glauben. Seit dem Purim von Susa (der Stadt von Ahasver) feierten die Gemeinden mit dem „Purim Katan", dem „kleinen Purim", den guten Ausgang einer lokalen Krise oder einer Naturkatastrophe. Dieser Brauch ist jedoch seit ungefähr einem Jahrhundert in Vergessenheit geraten. Es ist, als ob das Schicksal so unerbittlich geworden sei, daß es selbst die Musik der Virtuosen des messianischen Glaubens, die die Juden ja sind, verstummen ließ. Das „große" Purimfest hingegen existiert weiter und übermittelt aus einer anderen Zeit heraus seine Botschaft voll orientalischer Bilder und Schlüssel. Vielleicht schwächt die Verbissenheit der modernen Gesellschaften, den Zufall abschaffen zu wollen, die Freude an Purim. Vielleicht tut die Menschheit dem Abbruch, was sie an Menschlichstem hatte, indem sie nämlich den Tod Gottes in die Welt hinausposaunt. Einen Tod, der umso störender ist, als er weit davon enfernt ist, das Verschwinden des Göttlichen bestätigt zu haben.

Esther preist immer die Vorstellungen und die Faszination des Sublimen, aber sie hat niemals das Bedürfnis, jemanden zu retten; der Gedanke daran kommt ihr nicht einmal in den Sinn. „Wenn Gott sich der heutigen Welt offenbarte, würde die Welt geisteskrank werden", schreibt Raphael Draï in seiner Analyse der Funktion der zeitgenössischen „politischen Psychosen mit göttlichen Themen". Das Purimfest der chassidischen Juden, ein sich wiederholender und aufzehrender Ritus, steht dieser Hypothese gegenüber, indem es sich der Verwandlung in einen einfachen Karneval verweigert.

Offenbarte sich Gott in der heutigen Welt, ginge er zweifellos jene Menschen beobachten, die auf dem nackten Stein Jerusalems tanzend dem Würfelwurf frönen, der, wie Stéphane Mallarmé verkündet hatte, „wäre er auch geworfen unter ewigen Sternenzeichen, den Zufall niemals auslöschen wird."

Bernard Cohen

HERZLICHEN DANK AN:

Bernard Cohen für seinen Essay,
Bina und Sara für ihre Zeichnungen,
Shlomo Arad, André Brutmann, Menahem Kahana und Alex Levac dafür,
daß sie Purim mit mir gefeiert haben,
Chip Hires, der immer da war, wenn er gebraucht wurde,
Ralph Nykvist und Anders Petersen für ihr Engagement,
Edouard Paillet für seine Geduld und die Drucke,
Ricki Rosen für ihr Interesse,
Patrick Zachmann für seinen guten Rat
und Christian Brandstätter dafür,
daß er diese Megillat in seinem Verlag publiziert hat.

Danke
E. B.